Qualidade no Atendimento da Academia

© Copyright 1995,
Ícone Editora Ltda.

Diagramação
Mônica Mattiazzo

Revisão
Rosa Maria Cury Cardoso
Antônio Carlos Tosta

Proibida a reprodução total ou parcial desta obra, de qualquer
forma ou meio eletrônico, mecânico, inclusive através de
processos xerográficos, sem permissão expressa do editor
(Lei nº 5.988, 14/12/1973).

Todos os direitos reservados pela
ÍCONE EDITORA LTDA.
Rua das Palmeiras, 213 — Sta. Cecília
CEP 01226-010 — São Paulo — SP
Tels. (011)826-7074/826-9510

Gilberto José Bertevello

Qualidade no Atendimento da Academia

Ícone
editora

Dados Internacionais de Catalogação na Publicação (CIP)
(Câmara Brasileira do Livro, SP, Brasil)

Bertevello, Gilberto José
Qualidade no atendimento da academia / Gilberto José
Bertevello. São Paulo: Ícone, 1996.

ISBN 85-274-0418-4

1. Academias de educação física 2. Natação I. Título.

96-3428 CDD-797.21068

Índices para catálogo sistemático:

1. Academias de natação: Administração   797.21068
2. Natação: Academias: Administração   797.21068

DADOS SOBRE O AUTOR

Gilberto José Bertevello

Professor de Educação Física

Curso Técnico de Natação e de Futebol

Especializado em Qualidade de Atendimento

Pós-Graduado em Didática do Ensino Superior

Advanced Swimming Instructor - University of Mariland - Washington DC - USA

Oficial da Marinha de Guerra do Brasil

Presidente da Assoc. das Escolas de Natação do Estado de São Paulo (1985 - 1988)

Presidente da Assoc. Profissional dos Estabelecimentos de Cultura Física do Estado de São Paulo (1988 - 1992)

Presidente e Fundador do Sindicato dos Estabelecimentos de Esportes Aquáticos, Aéreos e Terrestres do Estado de São Paulo (1992 - 1995 e 1996 - 1999)

Presidente e Fundador da União Nacional da Escolas de Natação (1986 - 1988)

Consultor de Empresas de Esportes (Academias - Clubes - Entidades Sócio/Recr./ Esportivas)

APRESENTAÇÃO

Quando fomos procurados pelo Prof. Gilberto para patrocinarmos a coleção "Natação em Academia" sentimos logo que esta seria uma publicação de grande penetração no esporte nacional e na educação física.

Percebemos rapidamente o espírito empreendedor do Prof. Gilberto e a liderança que ele exerce junto às academias, calcado em anos de trabalho dedicado ao meio através da antiga Associação das Escolas de Natação, hoje no sindicato dos Estabelecimentos de Esporte Aquáticos, Aéreos e Terrestres do Estado de São Paulo.

Descobrimos o caráter pioneiro do Prof. Gilberto como um dos fundadores da UNEN - União Nacional das Escolas de Natação e do próprio SEEAATESP, o que nos levou a colocá-lo na condição de consultor para assuntos literários de Educação Física e Esportes.

O Prof. Gilberto é um cidadão dinâmico, cheio de ideais e consciente das necessidades da sua profissão e das empresas responsáveis pelo maior campo de trabalho oferecido aos profissionais de educação física que merece o nosso respeito e admiração. Sendo um dos primeiros professores de educação física especializado em Administração e Marketing Esportivo, com Pós-Graduação na área, esta editora orgulha-se em ter o Prof. Gilberto como coordenador desta coleção.

O editor.

PREFÁCIO

Tendo militado na natação desde 1968 e exercido todos os cargos da Federação Paulista de Natação, hoje Federação Aquática Paulista, inclusive a sua Presidência por duas gestões, conheço o Prof. Gilberto José Bertevello desde 1980, então na Academia de Natação. Sempre lutamos juntos pelo mesmo ideal e pelo mesmo desenvolvimento do desporto aquático que honrou o nome do Brasil na Olimpíada de Atlanta e temos verificado já resultados entusiasmantes. Porém o trabalho do Prof. Gilberto José Bertevello, como Presidente do Sindicato dos Estabelecimentos de Esportes Aquáticos. Aéreos e Terrestres do Estado de São Paulo, pretende elevar ainda mais o desenvolvimento e a frutificação deste esporte para o qual tem todo o meu apoio e colaboração.

Um dos pioneiros no estudo da organização e administração da Academia da Natação, o Prof. Gilberto José Bertevello muito me orgulha pelo trabalho que tem realizado.

Salvador Granieri Sobrinho
Federação Aquática Paulista

AGRADECIMENTOS

Ao meu pai, por me ensinar o bom senso.

À minha mãe, por me ensinar a usá-lo.

Às minhas irmãs, pela amizade de tantos anos.

A Jesus Cristo, por vir sempre em meu socorro.

DEDICATÓRIA

A Silvana (minha esposa), Priscila, Mateus, Juliana e Daniel (meus filhos), Thais e Beatriz (minhas netinhas), sem os quais eu não teria motivos para continuar.

ÍNDICE

Introdução 19

PARTE I
A Empresa

- Objetivo da empresa 25
  - Objetivo social 28
  - Objetivo ideológico 31
  - Objetivo financeiro 32
  - A escolha do seu produto 35
  - Variáveis do trabalho 36

- O empresário 41
  - Divisão de trabalho 42
  - Funções do auxiliar administrativa 44
  - Funções do coordenador 45

- A instalação da academia 47

PARTE II
O Atendimento

• Divulgação do produto 55

• A recepção 57
  – Sugestões úteis para a boa recepção 58
• O recepcionista 61
  – Erros a serem evitados na hora do atendimento 64
  – A importância do telefone 66

• Seu cliente 69
  – Considerações sobre o seu cliente 69
  – A recepção continua na piscina 74

PARTE III
A Escolha do Seu Pessoal

• Ficha de cadastro 79
  – O candidato deve falar sobre si mesmo 79
  – Recomendações sobre a realização da entrevista 80
  – Recomendações ao entrevistador 81
  – A seleção 82
  – O exame médico como forma de atendimento 82
• Encerramento 85

CONSIDERAÇÕES

Nadar é a oportunidade que nós temos de nos sentir voando. Tiramos os pés do chão e não precisamos fazer força para sustentar o corpo em flutuação.

Fomos gerados e nos desenvolvemos envoltos em um líquido rico, saudável e aconchegante.

Aproximadamente, dois terços do nosso corpo é formado por substância líquida.

Estes e outros argumentos justificam a identidade do ser humano com o meio líquido. A água é uma das principais razões de estarmos vivos e o elemento de maior preocupação quanto à sobrevivência do homem na terra.

Ser proprietário ou empregado de uma academia de prática esportiva na especialidade da natação é ter a oportunidade de trabalhar com uma atividade social que reúne a vontade, a necessidade e o prazer do indivíduo.

INTRODUÇÃO

O que é uma academia de prática esportiva?

Todo empreendimento tem uma característica específica.

Assim é também o estabelecimento de esporte. Porém, a academia de prática esportiva é ainda diferente dentro da sua própria forma de ser, isto é, uma academia de judô é diferente de uma academia de futebol, que por sua vez difere da academia de natação, muito embora todas elas trabalhem com a iniciação de um esporte.

Se analisarmos o clube desportivo como exemplo, veremos que independentemente do seu tamanho físico, diversidade de atividades, objetivos e até forma de gerenciamento, tem sempre uma característica única, de fácil identificação.

A academia de prática esportiva é ainda uma empresa que vem sendo testada ao longo da sua curta existência, adquirindo agora a sua identidade, moldada aos costumes brasileiros. Construída, dirigida e gerenciada por novos empresários, professores de Educação Física e até aventureiros, que arriscam suas economias e reservas financeiras, acreditando ser este um "bom negócio" de lucro fácil. Muitas academias de prática esportiva têm um único objetivo, voltado exclusivamente ao lucro financeiro. O lucro é fundamental para a existência saudável da empresa, e no nosso caso não pode ser diferente, mas o seu sucesso depende da qualidade de atendimento, seriedade de trabalho, competência profissional de todos os seus empregados, diferentemente de uma atividade comercial como um restaurante, sem concorrentes próximos e que serve comida boa, mas não de sabor inigualável. Ele vende, cresce e enriquece, embora o seu produto não seja lá grande coisa.

Voltando ao clube desportivo, que tem o objetivo de servir seus associados e que não visa lucros, que acumula dívidas com a Previdência Social e, embora seja freqüente a notícia de que este ou aquele clube beirou ou chegou à falência sobrevive pela história, pelo seu passado, pelo seu nome, às vezes independentemente das conquistas obtidas ao longo do tempo ou, ainda, pela contribuição espontânea de seus associados, normalmente diretores ou conselheiros "bem de vida" que buscam a projeção dentro do clube para satisfação do seu *ego*.

Será que os seus clientes aceitariam uma taxa extra na mensalidade a título de "fundo de obras"?

Ao conversar com proprietários de academias, visitar estas empresas de esportes em todo o país e pesquisar a história do estabelecimento de esporte, com fins lucrativos, encontrei uma diversidade enorme de objetivos, princípios de funcionamento e oferta de serviços. É a clientela que tem determinado a característica da empresa. Inseguros e sem a disposição de pagar o preço da mudança, foi comum encontrar proprietários de academias dizendo: "Se fizer tal mudança, perderei muitos ou até todos os clientes"; ou ainda: "Aqui, na minha cidade, a coisa é diferente. Você não conhece o povo daqui". Sem a coragem de provocar mudanças e pagar o seu preço, os proprietários de academia de prática esportiva seguem fazendo a história de uma empresa instável pro-vocada pela falta de caixa, pela baixa das férias escolares, e principalmente pela falta de uma mínima estatística necessária preventiva aos períodos desfavoráveis.

Claro, não estou falando de todas as empresas. Mas estou falando de uma maioria evidente que chega a atingir a marca de 60% das empresas de esportes da Grande São Paulo, 80% do interior do estado e de algumas capitais do país. Tenho que ressaltar também que o resultado deste meu trabalho foi obtido a partir da observação nas sólidas empresas encontradas no Brasil, independentemente de seu "porte" e do que elas importam. Também fui buscar subsídios no exterior.

A academia de prática esportiva é uma empresa de esporte voltada ao condicionamento físico, à iniciação esportiva e ao desenvolvimento saudável de seus usuários, e este trabalho nasceu da necessidade de um atendimento adequado a esta realidade com a intenção de bem servir o cliente.

O cliente é o real mantenedor da academia de prática esportiva; afinal, a sua freqüência não é obrigatória, seu compromisso não é firmado por contrato e não há órgão público que assegure a sua receita, como as dos estabelecimentos de ensino.

PARTE I
A EMPRESA

PARTE I

A EMPRESA

OBJETIVO DA EMPRESA

São três as maneiras pelas quais estão estabelecidas as academias de prática esportiva:
1ª) A posse ou o aluguel de um terreno para a construção;
2ª) A posse ou o aluguel de uma casa para a adaptação;
3ª) A locação direta de dependências esportivas.

Numa primeira reflexão, pode parecer óbvia esta definição. Fiz questão de registrá-la, pois não é qualquer empresa que encontramos em um terreno alugado, com construção de custo elevado, estabelecendo-se sem a segurança de um bom e longo contrato de aluguel.

Nestas três formas o empreendedor, como primeiraa providência, busca a instalação de equipamentos para o início do trabalho: sala de ginástica espelhada com som, salão com aparelhos de ginástica e piscina aquecida são as principais providências para a instalação da empresa.

Claro que o jovem empresário visitou outras empresas e observou qual a atividade que mais agradava aos clientes. Observou também a qualidade dos equipamentos, os vestiários, os aquecedores de piscinas e chuveiros, enfim, foi coletando informações para tomar decisões na instalação da sua empresa.

Como nosso assunto é natação, vou fazer algumas considerações a respeito das piscinas, vestiários, casa de máquina etc.

Encontro proprietários que insistem em dizer que os vestiários devem ser pequenos e práticos, para que os clientes se apressem em deixar o ambiente, evitando um gasto maior de água, energia elétrica etc. Outros já constroem um vestiário enorme, cheio de chuveiros, armários, uma verdadeira sala de estar em um apartamento de um dormitório. O superdimensionamento, assim como o subdimensionamento, é clara evidência da falta de um planejamento objetivo. Se pararmos para pensar na razão do tema deste livro, chegaremos à conclusão de que, embora gastando um pouco mais de água e de energia elétrica, devemos colocar uma boa ducha quente nos vestiários de qualquer tamanho; afinal, se o cliente tem em casa, com certeza irá querer usufruir do mesmo conforto na academia. Porém, se ele não dispuser de ducha no seu banheiro, será mais um motivo para se sentir confortável na academia.

Quanto à piscina, o problema geralmente está no tamanho, na área e profundidade do tanque construído. Se vamos trabalhar basicamente com iniciantes da natação, o melhor é colocar o cliente em um ambiente seguro e com os pés no chão. É através dos pés que o indivíduo se locomove, se defende e sustenta o seu corpo. Os pés estão na base do corpo do ser humano, e é com esta pequena área em contato com o solo que se fica na posição vertical.

Vamos por partes. Se o cliente tem medo de ir a uma piscina de clube e busca uma academia para iniciar as suas atividades aquáticas, é de se esperar que uma piscina grande o faça ter receio, medo e dúvidas quanto à escolha da sua empresa. Já com relação à profundidade, é lógico que, ao pôr os pés no chão, o cliente sentir-se-á seguro. Imaginem entrar numa piscina pela primeira vez e, de cara, sentir que o chão lhe falta aos pés. Que susto, não?

O problema continua com o aquecimento da água da piscina. Tenho encontrado algumas academias com três ou quatro tipos de aquecedores, todos ainda em condições de uso, encostados, demonstrando novamente a evidente falta de planejamento. Instala-se o primeiro aquecedor visando o menor valor de investimento; descobre-se, depois, que ele consome muita energia ou dá muita mão-de-obra. Então, parte-se para o segundo, um terceiro, esquecendo-se sempre de buscar um estudo técnico que viabilize a eficiência do produto, associada ao menor preço possível, além da garantia e durabilidade do equipamento.

Já com a filtragem da água é comum encontra-se um filtro maior ou menor que o necessário, mas com um único conjunto de bomba e motor. Na sua grande maioria, os filtros são de ferro e, pela falta de conservação e mau uso, estragam prematuramente, apresentando furos em seu tanque. Com uma solução rápida, você tampa o furo e continua filtrando a água da piscina; porém, se a bomba vazar ou o motor queimar, você tem que parar a piscina para o reparo. Novamente o atendimento ao cliente está colocado em segundo plano. Não menor, mas um pouco maior que o recomendado pelo manual do vendedor, o filtro tem de atender a necessidade de se ter uma água cristalina, e um equipamento inadequado não alcançará este objetivo. Seu cliente fugirá da sua água turva.

Portanto, ao idealizar sua empresa, tenha o cuidado de colocar no papel as condições estruturais e logísticas do seu empreendimento, para não entrar no interessante grupo dos curiosos. Não se utilize da "achologia"; planeje a sua empresa, preveja as diversas possibilidades, estude tudo com muita atenção e carinho, para não jogar dinheiro fora.

Consideração: moro na cidade de São Paulo, num local calmo, muito pouco poluído, chamado Jardim Cidade Pirituba e próximo ao Pico do Jaraguá. Lugar de temperatura agra-dável, com uma incidência solar de 70% ao ano, 35 km ao Sul do Trópico de Capricórnio. Também aqui sofremos os efeitos de um inverno relativamente rigoroso e a estação de chuva é igualmente longa. Isso tudo para dizer que 80% a 85% do país está em uma região onde é inadmissível o gasto financeiro em projetos experimentais de aquecimento para piscinas.

No país do sol, não se utilizam do aquecimento solar, que já apresenta uma tecnologia avançada. Na França, país de primeiro mundo, os hotéis, piscinas, entre outros, utilizam esta econômica fonte de energia. No Nordeste brasileiro, a energia solar está aquecendo água, iluminando casas e irrigando plantações. Reduzir o seu custo fará com que você consiga reduzir o seu preço, atendendo melhor o seu cliente e, conseqüentemente, faturando mais.

Objetivo social

Lembre-se de que a sua empresa tem uma forte identificação com a atividade social.

Ao preparar-se para atender a sua clientela, você deve estar consciente de que muitos vêm em busca de atividade social. São pessoas comuns com dificuldades no relacionamento com outras pessoas. Às vezes inibidas, fazem da iniciação e prática esportiva uma maneira saudável de travar novos relacionamentos e fazer amizades. São inúmeros os casos de convites para aniversário dos filhos, ou um início de namoro e até casamento entre clientes. Tudo pode acontecer em uma academia.

Por que não investir nas atividades sociais?

Você deve usar a sua criatividade e sei que organizará muitas atividades festivas e baratas que lhe trarão um retorno fantástico. Vou dar duas sugestões.

Escalada ao Pico do Jaraguá – Leve as crianças da sua academia, de 8 a 10 anos, para uma escalada ao Pico do Jaraguá. Divida-os em grupos de até 8 crianças e entregue a monitoria deste grupo a um dos seus instrutores. Lembre-se de que os profissionais de Educação Física são muito criativos e excelentes recreacionistas.

Como desafio, coloque tarefas para serem executadas durante o percurso e estabeleça uma pontuação para que elas sejam avaliadas no final da escalada. Os pais, voluntários, sempre em número ímpar, serão os juízes e a equipe que atingir maior pontuação será a vencedora. O prêmio aos vencedores será uma saborosa torta de frutas. Esta atividade termina com um alegre piquenique.

O local escolhido foi o Pico do Jaraguá por ter uma trilha de subida demarcada, segura e policiada. Não coloquei o tempo como uma das tarefas ou como forma de pontuação pois um dos objetivos foi o contato com a natureza. Antes de subirmos, nossos profissionais foram orientados por um amigo, professor de Geografia, quanto a fauna e a flora do lugar, para que a atividade também tivesse um caráter educacional. Claro que, através de carta aos pais, este procedimento foi amplamente divulgado no intuito de aumentar o interesse pelo passeio. Afinal, Educação é dever de todos.

Lembro ainda que, aos sábados, estes parques públicos da cidade de São Paulo ficam praticamente vazios e para usá-los não há necessidade de autorização prévia. Além do Pico do Jaraguá, você pode criar atividades para o Horto Florestal, Parque Tietê, Parque da Aclimação, Parque Anhanguera, Parque Guarapiranga, até mesmo no Parque do Ibirapuera, dentre tantos outros, que muita gente desconhece e que têm muito para se ver e explorar.

Vamos a outra:

Café da Manhã – Durante uma semana inteira, desafiei os meus clientes adultos, com dificuldade na continuidade do nado, a se exercitar para nadar sem aquela paradinha nas bordas da piscina. Num determinado sábado, eles nadaram em busca da maior distância possível, sem se preocupar com o tempo que poderiam levar. Outros que já vinham apresentando um progresso maior receberam a tarefa de nadar uma "distância desafio".

A chegada dos clientes ocorreu às 6:00 h e o término previsto para as 8:00 h, quando começavam as aulas da academia. Após a atividade, servi o tão esperado Café da Manhã. Alguns dos meus clientes me confessaram que não esperavam uma atividade tão prazerosa e divertida. Muitos foram os premiados, visto que nesta atividade não há previsão de classificação ou colocação; porém, o cacho de uva itália sugeriu o 1º lugar e o abacaxi, ninguém aceitou. Recomendo que, ao realizar esta atividade, se ofereça o abacaxi aos ausentes e que todos comam o troféu.

Esta atividade aprendi com o amigo Célio Amaral, de Curitiba, um dos empresários mais criativo, competente e bem sucedido que conheço. Fiz as minhas adaptações, e "colhi os frutos".

Use a sua criatividade e faça da sua academia um local agradável à freqüência dos seus clientes.

A propaganda que o seu cliente faz da sua empresa é a melhor que se pode ter: além de eficiente, é gratuita.

Objetivo ideológico

Quero recomendar muita cautela quanto ao ideal que o levou a abrir uma academia de prática esportiva, principalmente na modalidade de natação.

Feliz é o homem que tem um ideal, mas cuidado para não fazer deste ideal uma obrigação para os que o cercam.

As pessoas que buscam emprego na sua empresa tem uma necessidade financeira, e o empresário tem a obrigação de ser bem-sucedido nos seus propósitos, para não decepcionar o seu empregado no dia do pagamento. Tenho visto muitos empresários se perderem na busca do seu ideal e ficarem com o caixa vazio, tendo, às vezes, que vender o seu automóvel para atender aos acúmulos financeiros de fim de ano. Alguns chegam a se justificar alegando não terem tido prejuízo com o seu ideal, esquecendo-se de que, aquele horário ocupado com o ideal, poder-se-ia ocupá-lo com uma solução alternativa que proporcionasse lucro. Ou, ainda, que o seu tempo gasto fosse melhor ocupado com o estudo de novas metas produtivas.

Falo das equipes de competição que muitos colocam como objetivo da sua empresa e sonham com a descoberta de campeões. Sim, vale a pena. O seu ego estará plenamente satisfeito, e o retorno gerado pela propaganda que a sua equipe proporciona também é bastante positivo. Claro, até começarem os problemas.

Será que toda criança que se interessa pela natação também está interessada em competição? Será que todos os que se interessam têm potencial? Será que dá prazer ficar por horas seguidas nadando de lá pra cá e de cá pra lá, contando azulejo? Será que você está preparado para administrar os problemas causados pela ansiedade e expectativa dos pais? Será que você se perguntou sobre o direito que tem de, em busca de um ideal, expor os seus clientes a uma situação não escolhida, suprimindo seu próprio ideal?

Para se ter uma equipe competitiva, precisa-se ter primeiro um forte trabalho de base, formador de probabilidades e descoberta de talentos. Precisa-se ter também estrutura financeira para não ter preocupação com falta de dinheiro, quando certas necessidades se apresentarem, tipo nutricionista, psicólogo, viagens, hospedagens etc. Claro que você pode contar com o "Paitrocinador", mas até quando? Será que o seu ideal cessa com a impossibilidade de o nadador continuar competindo por limitação financeira?

Se me permite uma sugestão, una o seu ideal ao social e crie uma equipe sem fins competitivos. Faça muito intercâmbio visitando outras academias de natação e crie muita atividade socioesportiva. Transforme a sua empresa num lugar agradável de se freqüentar e tenha a certeza de estar cumprindo um belo papel junto à sociedade.

Caso contrário, prepare um projeto desde a base, transforme sua empresa num clube e busque um patrocinador para a sua equipe. Identifique o seu objetivo de trabalho para não errar na administração da sua empresa.

Objetivo financeiro

Tenha os pés no chão. No mundo, nada se consegue sem dinheiro.

Você abriu uma empresa para dar prejuízo? Ou você tinha uma importância financeira disponível e sem utilidade? Não vamos nos enganar. Ninguém investe na construção de uma academia simplesmente para acabar com um dinheiro incômodo, guardado no colchão, que só faz lhe dar dor nas costas.

Estabeleça o objetivo da sua empresa e saiba qual o número mínimo de alunos necessários para cobrir as suas despesas.

Se você vai depender única e exclusivamente do resultado financeiro da sua empresa, não se esqueça de estabelecer um prazo para as suas retiradas. Se você tem outras fontes de renda e não depende diretamente da academia para viver, não se esqueça de ganhar dinheiro. Lembre-se de estabelecer um salário básico para o seu trabalho.

Sua empresa pode ter três lotações preestabelecidas de funcionários, com três mínimos de clientes para cobrir as despesas. Uma lotação para o período de baixa, outra para as estações intermediárias e uma terceira para os períodos de pico. Eu estarei torcendo para que você faça uma administração financeira segura esteja sempre a gerenciar em condição de *pico*.

Exemplo: para uma piscina de porte médio, pode-se ter um profissional responsável que trabalharia sozinho em tempo de baixa. Para as estações intermediárias, este mesmo profissional estaria assessorado por um auxiliar, encarregado de tarefas menores, mas ainda sob responsabilidade do titular. Já para os períodos de pico, a contratação de um estagiário seria suficiente para atender às pequenas tarefas de iniciação individual em turma cheia e adiantada; afinal, quem aqui está dispensando cliente por falta de vaga? Atenção: estagiário não é responsável por trabalho algum e recebe salário como outro funcionário qualquer.

Algumas sugestões para uma boa administração financeira:

1) Estabeleça o custo de cada cliente que freqüenta sua academia.

2) Tenha rotinas de trabalho para cada atividade de atendimento e serviço ao seu cliente.

3) Você, empresário, ao assumir outras atividades na sua empresa com o objetivo de reduzir despesas – substituir um profissional, por exemplo –, lembre-se de que, ao "carregar as pedras", você pode estar se esquecendo de vendê-las.

4) Por mais que você faça, tenha sempre um tempo para entrar no escritório e avaliar a quantas anda o seu negócio.

5) Nunca estabeleça o seu preço a partir de um telefonema aos seus vizinhos, e sim a partir de uma segura análise de custos.

6) Se o seu vizinho criar uma promoção para atrair novos clientes, resista à ansiedade de também inventar alguma coisa. Lembre-se de que o planejamento é o seu maior aliado para uma administração financeira sadia.

7) Por fim, e certamente o mais importante, você tem uma obrigação para com os seus empregados; cumpra-a sem dó, pena ou dor no bolso. Lembre-se de que empregado insatisfeito jamais vestirá a camisa da sua empresa. Se você não consegue enxergar assim, seja empregado e exija os seus direitos.

Todas as manhãs um pescador saía do seu barraco e pescava quatro peixes. Dois ele separava para o seu sustento e o da sua mulher. Os outros dois ele vendia ao dono de um pequeno restaurante na cidade.

Um dia, intrigado com a vida do pescador, o administrador daquela empresa, que se estabelecera na cidade, indagou-lhe:

Adm.: Senhor, por que só dois peixes?

Pesc.: Porque é só o que preciso para ser feliz.

Adm.: O Senhor não seria mais feliz com mais?

Pesc.: E pra que eu ia querer mais?

Sem entender os poucos propósitos do pescador, o administrador resolveu ensiná-lo a ser feliz.

Adm.: Ora, meu amigo! Fique mais tempo no trabalho e pesque mais.

Pesc.: Pra que?

Adm.: Venda os peixes e compre uma segunda vara de pescar; assim o senhor poderá pescar mais e, conseqüentemente, terá mais peixes para vender.

Pesc.: Pra que?

Adm.: Como, pra que? Pra vender mais, ganhar mais, vender mais, ganhar mais, e assim até ficar rico.

Pesc.: Pra que ficar rico?

Adm.: Não acredito!, exclamou o administrador. Para ter dinheiro. Para se estabelecer e ter garantias de um futuro tranqüilo. Enfim, pra um dia ter um patrimônio que lhe assegure uns cochilos à tarde, por exemplo. Pra ter um sítio e gozar a vida, descansar.

Pesc.: Ah! Pra isso? E o que o senhor pensa que eu faço de tarde?

Se você abriu sua empresa para ter dores de cabeça, aborrecimentos, prejuízos, e ao chegar no final do ano não poder proporcionar um Natal decente e tranqüilo a si próprio e aos seus entes queridos, reavalie a sua condição de empresário. Lembre-se, sempre, de que empreender uma atividade comercial ou prestadora de serviço é, antes de qualquer coisa, assumir uma responsabilidade social de gerar empregos e mantê-los em bom nível.

A escolha do seu produto

Antes de qualquer comentário ou consideração, devo esclarecer que sei que a atividade é eminentemente prestadora de serviços; porém, permitam-me chamar de produto aquilo que queremos vender.

A natação é a atividade esportiva que proporciona o maior número de alternativas, quando explorada comercialmente, em uma academia de prática esportiva.

Não tenho dúvidas ao afirmar que a iniciação esportiva é que traz e mantém a maior clientela na sua empresa. Sonho de infância ou atração pela água, o ser humano tem uma identidade muito forte com o meio líquido. São inúmeros os interessados na natação em todo o país. Inúmeros são também os médicos que recomendam a natação para crianças em fase de crescimento, ou para os portadores de bronquite, como auxílio no desenvolvimento físico e recuperação na capacitação respiratória, aos adultos com estresse gerado pela dinâmica atribulada do dia-a-dia; às gestantes como forma de condicionamento físico/orgânico; aos bebês numa continuidade de contato com o ambiente aquático etc.

Uma academia de prática esportiva especializada na natação é um excelente empreendimento, principalmente se o empresário souber valorizar o seu produto e dimensionar as possíveis variáveis desta atividade salutar.

Variáveis de trabalho

1) Natação para Gestante - A atividade n'água trará à jovem mamãe um atendimento completo na sua necessidade de condicionamento físico, elasticidade, capacidade respiratória, resistência cardiovascular, dentre outros benefícios. Com o crescimento da barriga, o centro de gravidade da gestante vai mudando, forçando-a a uma compensação, provocando um forte desconforto, que será recompensado através do fortalecimento dorsal que a natação proporciona.

2) Natação para Bebês - A identidade do bebê com o meio líquido é tão forte que até parto n'água se faz. Acostumado com o líquido amniótico e ao conforto da temperatura interna do corpo da mãe, o bebê não estranhará quando for levado à prática da natação. A partir de tenra idade, o bebê surpreende a todos, adaptando-se facilmente aos exercícios submersos, deslocamentos, chegando até a dormir durante uma atividade de flutuação dorsal.

3) Pré-escola de Natação - Nada deve ser forçado na vida de uma criança. Para convencê-la do benefício de qualquer atividade, deve-se buscar o seu interesse. Assim é com a natação. Fazer com que a criança goste d'água é mais importante do que fazê-la nadar em uma idade prematura. Se o ensino regular recomenda que não se alfabetize antes dos 6 ou 7 anos de idade, por que a iniciação em uma prática esportiva que requer metodologia e treinamento deve ser iniciada na idade em que a criança não carrega consigo a responsabilidade de obter resultados? O melhor resultado nesta fase é a ambientação e o gostar desta saudável atividade. Importante também é concientizar os pais, evitando a cobrança que levará a criança à ansiedade ou ao desinteresse, ambos improdutivos. Certas crianças conseguirão nadar nos estilos crawl e de costas, mas abandonarão a atividade na primeira oportunidade.

4) Iniciação aos Quatros Estilos - Recomendo que os estilos crawl e costas sejam iniciados em conjunto, por serem basicamente o mesmo. Sugiro que, já na fase de adaptação ao meio líquido, se enfatize a flutuação ventral e dorsal, incluindo ainda nesta etapa os exercícios próprios dos batimentos de pernas. O nado de peito e o borboleta, que são

estilos que exigem muita coordenação de movimentos e força, respectivamente, devem ser deixados para depois que o iniciante estiver dominando os nados anteriores. Deve-se ainda respeitar a vontade, potencialidade e idade dos seus clientes.

5) Treinamento em Academia - Este treinamento é para que os interessados em integrar uma equipe de competição sintam as dificuldades e intensidade de um treinamento esportivo. Serve ainda para que você avalie a vontade e o talento do seu cliente e lhe dê uma carta de apresentação a um clube desportivo. O treinamento em academia serve, ainda, para atender ao cliente interessado em manter um relativo condicionamento físico.

6) Natação para Reabilitação - A natação pode ser um forte aliado na recuperação física do indivíduo. Fiel parceira da fisioterapia, é amplamente utilizada na reabilitação dos movimentos de pessoas que estiveram gessadas, ou que tenham tido problemas musculares. A natação é uma das poucas atividades capazes de exercitar a musculatura dorsal, responsável pelo auxílio na sustentação da coluna vertebral.

7) Natação para Portadores de Deficiência Física ou Mental - Como o feto se desenvolve no meio líquido, nada mais salutar do que, através da natação, lhe dar conforto, integração social, tranqüilidade, vazão ao excesso de energia etc. Na Academia Quatro Nados, de Belo Horizonte, de propriedade do amigo Rodrigo Nascimento - psicólogo e ex-nadador -, pratica-se a psicologia analítica através da natação. Claro que se trabalha com a iniciação à natação, mas os resultados sociais e de sociabilidade obtidos são fantásticos, dignos de se ver e aplaudir.

8) Hidroginástica ou Ginástica Aquática - Muitas atividades surgem a partir de uma propaganda bem dirigida ou a partir de um interesse momentâneo da população. A hidroginástica surgiu da necessidade de uma facção da nossa clientela desmotivada para a prática da natação e não adepta da ginástica convencional. Com os efeitos do peso provocados pela gravidade amenizados, constantemente molhado, divertido, agradável, saudável etc., em algumas academias o número de usuários desta maneira de se exercitar chega à significante marca dos 60%.

9) Natação para a Terceira Idade - O idoso é o mais fiel de nossos clientes. Às vezes rejeitado pela sociedade e pela própria família, ou usado como *office-boy* dos filhos e netos, este nosso cliente especial pode ser o mais forte aliado na divulgação da sua turma da terceira idade.

10) Condicionamento Físico através da Natação - Com programas montados especialmente para atender à necessidade de condicionamento físico de uma clientela que dispõe de pouco tempo, e sem a obrigação de estar presa a dia e hora para as atividades, você atrairá um novo grupo de pessoas dispostas a manter a forma. Esses programas preventivos ao estresse, podem ter uma variação do treino intervalado (para nadadores iniciantes sem muita resistência física) ou em treino de circuito (para condicionados) ou associado à hidroginástica.

11) Natação para Senhoras - Muitas mulheres têm vergonha de se expor. Problema cultural, inibição, dependência e obediência, não importa. A verdade é que muitas senhoras procuram a academia em busca de uma turma especial para as suas atividades. Algumas com a idade

avançada, outras com problemas de varizes, excesso de barriga, enfim, são tantos os motivos que sugiro a contratação de uma instrutora interessada neste tipo de trabalho e a maciça divulgação desta alternativa.

12) Natação Master - A equipe de master não apresenta os mesmos problemas da equipe dos garotos. Por si só ela apresenta uma característica social. Se você conseguir formar um grupo de competidores nas diversas faixas etárias que o master proporciona, obterá um resultado tão positivo que se notará na própria divulgação da empresa.

São muitas as alternativas para o trabalho da natação em academias. Talvez eu tenha me esquecido de citar e comentar algumas delas.

Se você está com dificuldades em atrair clientes para a sua academia, verifique a identidade que você deu a sua empresa. Saiba separar a sua principal clientela (aquela que garante a subsistência da empresa) e destine horários para as alternativas escolhidas. Informe cada uma das atividades em separado e preste muita atenção ao veículo de divulgação. Seja objetivo na sua propaganda e prometa apenas o que você pode cumprir; afinal, criar a expectativa e não cumprir, traz uma péssima imagem a sua empresa.

O EMPRESÁRIO

Muitos empresários se perdem na administração da sua academia antes mesmo que ela tenha a oportunidade de crescer. Normalmente formado em Educação Física e sem muito conhecimento de administração, este profissional se perde na gerência do seu negócio e no acúmulo de funções. Erro maior se comete quando ele contrata pessoa de pouca idade, sem experiência anterior no trabalho de recepção, e lhe dá o título de Secretária. Pior: espera que ela cumpra o papel de recepcionista, auxiliar de escritório, caixa, vendedora de produtos e vestimentas para natação, telefonista, e mais tantas outras atividades, agravando ainda a situação quando fica "aporrinhando a sua vida" sob a alegação de estar lhe dando um treinamento. Como ensinar, se não se sabe fazer?

Os erros podem ser ainda mais absurdos quando se utiliza a empregada que sai do trabalho às 14 ou 15 horas e se pede a ela que passe no banco e faça um depósito ou pague uma conta, ou que mantenha limpa a secretaria/recepção/sala de espera, dando-lhe de presente, no dia da Secretária, uma vassoura e pá de lixo.

A princípio pode parecer exagero, mas dou a minha palavra de que não estou inventando nada. Talvez, ironizando um pouco, mas os casos e fatos são reais e presenciados por mim em algumas academias que visitei.

Alguns proprietários de academia de natação com uma administração mais bem cuidada podem achar absurdo. E devem. Afinal, alguns desses "empresários" já tentaram me convencer da eficiência da sua administração e me aconselharam a reformular a minha maneira de ser e pensar.

Sugiro que os empresários da natação procurem alguns cursos de orientação administrativa, de análise de custos, de legislação trabalhista, e que dimensionem com segurança os problemas que eles próprios podem estar causando às suas empresas. Claro, não todos, mas uma grande parte deles, de até um certo porte e renome. Afinal, a forma correta de se reduzir custo na folha de pagamento é organizar-se em sindicato e reivindicar uma tributação mais justa, e não tirar do bolso do empregado.

Divisão de trabalho

Se a sua empresa é pequena o suficiente para que você não precise de muitos empregados, tome muito cuidado para não criar metas desnecessárias ou inatingíveis. Sugiro que você defina num organograma as funções a serem ocupadas para a sua própria orientação e a de seus empregados. Ele servirá também para estabelecer o critério de hierarquia, tão importante no controle de uma empresa.

Observando o organograma a seguir, veremos que o Gerente está em um plano mais elevado que todos os outros empregados; isto porque ele é o responsável por todo o trabalho da academia. O Gerente tem por obrigação prestar contas ao proprietário de tudo o que se passa na empresa.

Logo abaixo estão as funções de Auxiliar Administrativo e a de Coordenador. Embora exerçam funções independentes e de igual importância, sugiro que o primeiro tenha a responsabilidade de supervisão sobre o segundo. Assim, na ausência do Gerente, a empresa não fica com dois empregados se sentindo chefes, ou com a indefinição e omissão de qualquer um deles. Lembre-se de que ter "dois chefes" é tão perigoso quanto "nenhum"; afinal, a dúvida nunca foi conselheira da decisão.

É comum encontrarmos casais à frente de uma academia de natação com estas características do organograma, em uma feliz e saudável administração. Mesmo assim, farei alguns comentários.

Normalmente, o homem está com a Gerência, além de outras funções de importância. A mulher, geralmente, está com a responsabilidade de Auxiliar da Administração. Ambos acumulam funções. Ele é o Coordenador da empresa, enquanto ela acumula os afazeres de casa. Além disso, os dois dão aulas.

Não há erro neste tipo de administração. O erro se apresentará em todas as funções ocupadas se você não for rigoroso na sua divisão de tempo. Tendo as horas do dia bem divididas e as funções bem definidas, é possível, durante um certo tempo, você "tocar" a sua empresa. Mas lembre-se de que nem você nem sua esposa são "de ferro" e um dia vocês podem vir a atrapalhar-se por cansaço.

ORGANOGRAMA

```
                          Gerência
                             |
         Manutenção ─────────┤
                             |
        ┌────────────────────┴──────────────┐
  Auxiliar Administrativo              Coordenação
  ┌──────────┴──────────┐                   |
Pessoal de Recepção   Auxiliar de Serviços   Instrututores
       e              Gerais e Escritório    de Natação
  Atendimento              |                     |
                    Pessoal de Limpeza      Auxiliar de
                    e Conservação            Período
                                                |
                                            Estagiários
```

OBS.: Este organograma varia de acordo com o tamanho da academia e o número de piscinas

Se a sua empresa é pequena, mas tem fôlego para contratar um Auxiliar Administrativo e um Coordenador, deixo aqui dois alertas importantes: 1) o Auxiliar Administrativo da sua empresa não é sua secretária particular nem babá de seus filhos; 2) se o Coordenador der aulas em um período na sua academia ou algumas aulas durante o dia, ele deve ter um outro salário pelas aulas que deu; afinal, é claro na legislação vigente que ele está ocupando duas funções.

Funções da Auxiliar Administrativa

Normalmente, entregamos esta função a uma pessoa do sexo feminino, a quem chamamos erroneamente de Secretária.

Outras vezes, passamos ao Coordenador algumas das tarefas que cabem a esta função.

Para acabar com os enganos, vou relacionar as funções que julgo nesta competência.

Fundamentalmente, ela é responsável pelo atendimento ao cliente, seja ao telefone ou pessoalmente. Pessoas interessadas em conhecer o trabalho da academia, ou os clientes que necessitam resolver qualquer tipo de problema relacionado com freqüência, ambientação sua ou de seus dependentes, esclarecimentos quanto às normas de funcionamento, pagamentos, enfim, a Auxiliar Administrativa é a funcionária que dá andamento na empresa.

E responsável também pelo cadastramento dos clientes, arquivos e fichamentos necessários ao expediente da academia (ficha de cadastro, médica, livro de ponto, relatórios etc.). Cabe-lhe ainda a confecção de carnês de pagamento ou recibos de cobrança, seja para pagamento em banco ou na academia.

É a Auxiliar Administrativa que controla o horário dos empregados e as suas rotinas de trabalho, exceto as de piscina, que são de competência da coordenação. Encarrega-se do serviço das faxineiras, inclusive na higiene dos vestiários, que têm critério especial de asseio e horários adequados para a limpeza. Sempre em contato com todos os setores da empresa, esta funcionária está sempre atenta às necessidades de pequenos reparos de manutenção e conservação, relatando ao Gerente para providências. É ainda quem controla e convoca para os exames médicos periódicos, assim como as freqüências, reposições e inadimplências.

A Auxiliar Administrativa é responsável pelo expediente, rotina de funcionamento, atendimento ao cliente, portanto, o "braço direito" do Gerente.

Funções do Coordenador

É este profissional que estabelece, em comum acordo com o Gerente e a partir dos objetivos da empresa, o trabalho dos profissionais de Educação Física, instrutores de natação, assim como os seus horários de trabalho e rotinas.

Na verdade, esta função se confunde com uma das atribuições de um Relações Públicas, no que se refere ao atendimento aos pais dos nadadores.

Ao estabelecer o trabalho da iniciação esportiva, tem ainda o Coordenador a responsabilidade do fichamento técnico de cada cliente, os relatórios de desenvolvimento físico e orgânico (avaliação física e biométrica periódica), o acompanhamento do método de trabalho da empresa e as suas prestações de contas. Responsável pelas atividades pedagógicas da empresa, o Coordenador implanta novos projetos no interesse da natação e os acompanha. Seleciona os cursos oferecidos na área e encaminha os seus instrutores para a necessária atualização. Mantém intercâmbio constante com outras empresas de interesse comum, levando o seu pessoal mais adiantado a conhecer outros centros esportivos e outros métodos de trabalho. Promove, ainda, encontros de reciclagem profissional no interesse da natação, mantendo o nível técnico dos instrutores e da empresa em constante atualização.

Ao Coordenador cabem também as atividades socio-esportivas - o jeito mais eficiente de se manter o cliente motivado nas ofertas da empresa e na natação, como meio saudável de estar em permanente movimento.

Encarrega-se, por fim, da pesquisa aos equipamentos de utilização na iniciação esportiva e seu treinamento. Controla a qualidade da água da piscina e sua temperatura. É um auxiliar ao serviço da Auxiliar Administrativa, no que diz respeito a convocações para Exame Médico, avisos de rotina da academia e a higiene dos vestiários, considerando a sua constante freqüência.

O Coordenador é também uma das pessoas responsáveis pelo bom andamento da empresa. Um outro "braço direito" da gerência.

A INSTALAÇÃO DA ACADEMIA

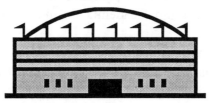

Se você optou em ter uma academia de prática esportiva na especialidade da natação, espero que você tenha previsto certas situações de instalação, visando o conforto dos seus clientes, a compra dos equipamentos adequados e a economia do capital empregado.

Mesmo com esta certeza, permitam-me uns poucos comentários e recomendações:

1) Concentração de Público Alvo - Verificar a quantidade de prédios que se acercam do local escolhido para a construção da empresa. Estatisticamente, está comprovado que 70% dos clientes de uma academia de natação são moradores da região, num raio de 1.500 metros, e é óbvio que, quanto maior o número de prédios à sua volta, maior a possibilidade de clientes.

2) Proximidade com outra Empresa de Natação - É claro que, se houver outra academia de natação nessa mesma área, haverá uma disputa direta pela clientela. Claro que a concorrência é saudável a todas as empresas. É errado pensar que só o cliente ganha com ela; aliás, este é um pensamento típico de quem só pensa no preço do produto. Concorrência saudável se faz com lealdade, estudo de custos e aumento de qualidade. O concorrente nocivo de uma academia de natação

é aquele que leva o seu cliente a outras atividades, tipo: cursinho para vestibular; mudança de interesse esportivo; curso de línguas; maus hábitos com drogas etc. A concorrência é promotora de qualidade; mas olhe à sua volta, antes de construir uma academia nos fundos de outra.

3) Local da Construção - Certa vez, como em tantas outras, fui chamado para opinar sobre a construção de uma nova academia de natação. Para minha surpresa, o local destinado à construção da piscina era no fundo do terreno, de onde só se enxergava o telhado da casa vizinha. Perguntei à proprietária se aquele era um muro de arrimo e, para minha surpresa, não era. A casa vizinha daquele muro de onde a piscina ficaria distante apenas um metro estava praticamente encostada. Embora houvesse planta da construção da academia, e apesar de a proprietária me garantir que havia um engenheiro responsável, não encontrei a sua placa. Antes de construir, avalie todas as possibilidades que o local lhe apresenta; afinal de contas, não é à revelia que se constrói um prédio. A propósito, não fui contratado como consultor daquela academia e temo pela casa vizinha e seus moradores.

4) Tipo de Construção - Tenho visto muitos projetos nestes meus 15 anos de academia de natação. A inexperiência dos investidores e projetistas faz com que se cometam muitos erros bobos, mas que causam gastos desnecessários, prejuízos e reformas logo após a inauguração. Um dos exemplos que mais cito, em função da quantidade de piscinas com esta condição, é a casa de máquinas subterrânea. Alguém já terminou de almoçar, num dia de feriado ensolarado, e em vez de se deitar na rede foi desalagar casa de máquinas na academia de algum amigo? Eu já!

5) Tipo de Equipamento - Os equipamentos devem ser escolhidos após uma análise segura de custo/benefício, evitando assim o gasto com um equipamento que não venha atender a sua necessidade ou seja diverso da sua expectativa. Exemplo: comprar aquecedor a gás para chuveiros e duas baterias de bujões de 45 kg, compatíveis e condizentes com a recomendação do fabricante, sob a alegação de que o gás é mais barato que a energia elétrica. Na academia, havia apenas dois vestiários, com três chuveiros em cada um.

Pergunto: quanto tempo se leva para recuperar o investimento nos equipamentos, na tubulação de cobre, na mão-de-obra da construção etc.? Pesquise, avalie, não gaste dinheiro à toa.

6) Localização dos Equipamentos - Normalmente, os equipamentos de tratamento e aquecimento d'água ficam na casa de máquinas. É importante que estes equipamentos sejam mantidos fora da área de circulação da sua clientela. Que estejam sempre muito bem limpos, protegidos da ação do tempo e devidamente lubrificados, prevenindo a corrosão, quebra e excesso de ruído. Pasmo quando vejo os equipamentos de filtragem e de aquecimento d'água no mesmo ambiente da piscina. Não são poucas as academias nestas condições.

7) Casa de Máquinas - Sua casa de máquinas deve estar em local de fácil acesso, de altura adequada, arejado, bem iluminado (de preferência com luz natural), com patamares para a instalação de filtros, caldeiras, motores, bombas d'água etc. Que tenha um grande ralo para o rápido escoamento d'água em caso de acidente. É importante que tenha um depósito fechado à chave para a guarda de produtos para o tratamento d'água.

8) Tamanho da(s) Piscina(s) - Tenho visto tanta coisa inexplicável. Por exemplo, uma empresa que estava feliz com o resultado financeiro proporcionado pela sua piscina, construiu no mesmo local mais uma piscina do mesmo tamanho e profundidade, divididas apenas por uma parede central. Já que o resultado é bom com uma piscina, que dirá com duas. Se você tem espaço para uma academia bem planejada, recomendo uma piscina de 12,5 X 16,66 e, se couber, mais uma de 4 X 8. As medidas são pedagógicas e proporcionam uma diversidade de atividades muito grande. Ambas com 1,30 m de profundidade máxima; afinal, iniciantes gostam de sentir os pés no chão e é a profundidade ideal para a hidroginástica e o biribol.

9) Construção dos Vestiários - No vestiário masculino, os chuveiros podem ser de uso comunitário, diferentemente do vestiário feminino, onde trocam de roupa e tomam banho senhoras que exigem uma certa reserva, por formação. Não que esta reserva não exista também em alguns homens, principalmente nos de idade mais avançada, mas este aspecto cultural deve ser observado. Esses boxes de chuveiros devem ter 0,80 X 0,80 m, para um mínimo de conforto no banho. Já os boxes muito grandes só fazem ocupar espaço que poderia ser aproveitado para a construção de mais um box. No banheiro dos homens deve ter mictórios e, no das mulheres, ser previstos boxes sanitários em maior quantidade. O piso dos vestiários pode ser de ladrilho antiderrapante, ou de cimento queimado, que é impermeável e atende à legislação, com estrados plásticos vazados em toda a sua superfície. As paredes devem ser de azulejos até uma altura mínima de 2 metros, ou de barra lisa pintada com tinta epóxi. Nenhuma outra forma de piso ou parede mostrou-se satisfatória, e todas as outras que vi ou ouvi falar apresentaram problemas num

curto prazo de tempo e tiveram de ser substituídas. É importante que na saída dos vestiários se tenha um lava-pés que conduza direto à piscina. Atente sempre à legislação vigente no seu município e à legislação de saúde pública do seu estado.

10) Sala para Exames Médico-biométrico - É importante que a empresa tenha uma sala especial para os exames médicos de rotina e que os coordenadores façam o acompanhamento biométrico dos seus clientes. A evolução de crescimento de uma criança, por exemplo, fará com que os seus clientes vejam a sua academia com bons olhos. Essa sala precisa estar equipada, no mínimo, com maca, mesa de atendimento, banqueta e armário com material de primeiros socorros. Se possível, instale essa sala num local calmo e reservado, para não atrapalhar o trabalho do médico, porém, de fácil acesso em caso de necessidade.

11) Recepção - Claro que esse espaço deve estar junto à porta de entrada da academia. Pode parecer estranho, mas a verdade é que já visitei empresas com a recepção tão escondida que cheguei a ficar constrangido e sem saber aonde ir, até que uma cliente me apontou a recepção. Devo alertar também para que não se confunda recepção com escritório, que é o lugar certo para se imprimir relatórios, carnês de pagamento, envelopar mala direta ou fazer pagamentos. Na sua recepção devem estar somente os (as) recepcionistas, evitando-se a concentração de outros empregados que, com certeza, só atrapalhariam o trabalho de atendimento.

12) Sala de Instrutores - Todos os seus empregados devem ter um local limpo e arrumado para a troca da roupa comum pela vestimenta profissional. Porém, os instrutores

devem ter uma sala especial para receber pais interessados em manter um contato de esclarecimentos ou informação. Essa sala é também utilizada para estudos e reuniões com a coordenação. Sendo um local reservado aos seus instrutores, pode-se prever a existência de armários para a guarda segura de valores.

Estas são apenas algumas sugestões e lembretes para aqueles que pretendem construir ou reformar sua academia. Interessante seria se nos aprofundássemos neste estudo, mas isto é para uma outra publicação, na qual será previsto um depósito para produtos químicos, de limpeza e pedagógico. Comentaremos também sobre a necessidade de ter banheiros para visitantes, evitando-se o uso dos vestiários por estranhos. Previsão de cantina, lojinha e outras comodidades aos clientes.

Um último lembrete: ao construir, reformar ou reestruturar a sua academia, coloque nas suas previsões de gastos os equipamentos de segurança e combate a incêndio. Consulte as recomendações da ABNT (Associação Brasileira de Normas Técnicas) e consulte a legislação vigente de Saúde Pública, Prefeitura, Corpo de Bombeiros etc. Contrate um consultor, para evitar gastos e prejuízos.

PARTE II
O ATENDIMENTO

PARTE II.
O ATENDIMENTO

DIVULGAÇÃO DO PRODUTO

Quando se divulga o produto de uma academia de natação, tem-se por hábito colocar todo tipo de atividade que a empresa oferece. Não vou dizer que isto é errado; afinal, ninguém é dono da verdade e você já está há bastante tempo no mercado e deve conhecer sua região. Mas, se me permitem, vou fazer algumas considerações.

A TV, sem sombra de dúvidas, é o veículo publicitário de maior penetração nos lares brasileiro. Mas será que é boa para nossas academias de natação? Em determinadas regiões, sim; em outras, não. Para a capital de São Paulo é inviável, mesmo que você tenha uma rede de academias. Não se justifica o preço e a veiculação em todo o estado se você está em regiões isoladas. A não ser, é claro, que o seu propósito seja outro, que não a atração de novos alunos. Já em determinadas regiões de São Paulo, o preço cai muito.

O rádio já nos traz surpresas maiores. As iniciativas tipo "pedágio" ou o "ligue já" têm mostrado que o público ouve e responde a estas chamadas.

O *outdoor* é excelente para marcar uma propaganda. Embora seja relativamente caro, é um excelente aliado de promoções como as do rádio, por exemplo.

Os cartazes menores, tipo duplo ofício, para a afixação na rede comercial da sua região apresentam um resultado bastante positivo, assim como a panfletagem. Porém, tem-se que tomar cuidado para não cair em"lugar comum" e acabar confundindo-se com uma propaganda de prédios de apartamentos, comida congelada etc. Uma sugestão é você cercar os semáforos de grande circulação nos arredores da sua academia e distribuir um pequeno panfleto com um brinde promocional, sempre sugerindo a natação como a melhor opção de atividade física para o momento. Estas iniciativas, principalmente nas estações da primavera e verão, são muito bem-vindas pela clientela.

Faça um programa anual de divulgação da sua empresa, e não fuja dele. Avalie o efeito da propaganda e compare com os anos anteriores. Se você fizer uma pesquisa no ato da matrícula, você terá subsídios suficientes para continuar, mudar, ou acrescentar meios de divulgação.

Ainda quanto à divulgação, mas a respeito do que se deve colocar no texto, quero chamá-lo a refletir sobre alguns pontos: tratamento de coluna, por exemplo, a natação não faz; muito menos estamos autorizados legalmente a exercer tal tarefa. Agora, se você divulgar que a natação é excelente para o fortalecimento da musculatura que faz as aparas vertebrais, tudo bem. Tratamento de bronquite asmática: estaremos incorrendo no mesmo erro. É claro que o trabalho de respiração na natação vai auxiliar no tratamento de bronquite e asma, mas não é a natação que trata.

Tome muito cuidado com o que você escreve na sua propaganda, principalmente na mala direta; afinal, você pode estar se comprometendo com uma propaganda enganosa.

RECEPÇÃO

Muito bem!
Você já sabe o que a sua empresa faz e o que você quer. E já divulgou o seu produto.
Está na hora de receber o seu cliente.
Antes, porém, quero alertá-lo para que você conheça cada espaço da sua empresa. Deve conhecer principalmente o produto e as suas etapas de condicionamento, assim como as dificuldades de coordenação para a execução dos estilos de natação. Deve ter, ainda, a consciência da insegurança e do medo que alguns apresentam, para poder argumentar na hora da apresentação do seu produto, na visita que você fará com o seu cliente à academia.
Pode parecer bobagem recomendar ao proprietário que conheça sua empresa e seu produto, mas a verdade é que muitos não conhecem. Se o maior interessado não tem conhecimento de causa, como cobrar dos empregados? Sou favorável à idéia de que para saber mandar é preciso saber fazer. Isso evita o engodo e a fraude.
A garota, ou o rapaz, que estiver na sua recepção deve ter clara e objetiva a sua função. Ela, ou ele, é um atendente com a obrigação de receber o seu cliente e saber a prioridade do serviço a ser executado.

Sugestões úteis para a boa recepção

1) Tenha sempre um cartão da empresa e acostume-se a fazer um convite de visita.

2) Para ocasiões de conversa mais demorada, utilize-se de um segundo cartão de vale-brinde. Ofereça uma aula grátis.

3) Tenha sempre um livro de registro de visitas; assim, se a matrícula não for efetivada, você mantém o cliente informado das atividades da academia via mala direta.

4) Tenha um folheto de informações dos produtos oferecidos pela empresa, sem espaços para preços e horários. Outro, com estas informações e incluindo preços e horários.

5) Sua recepção deve estar arrumada e limpa. Não é este o local de se envelopar propaganda, datilografar cobrança etc.

6) A sala de exame médico deve ser próxima à recepção, sala de espera e vestiários. O material de primeiros socorros devem estar trancados na sala médica, e não na gaveta de uma mesa na recepção.

7) Seu pessoal deve estar uniformizado ou com crachá identificador de função. Sempre bem arrumado e penteado. Se usar maquiagem, que seja leve. Se usar perfume, que seja suave.

8) Seu pessoal deve aparentar saúde para vender saúde.

9) Nunca deixe seu pessoal trabalhar cansado, irritado, nervoso ou na condição de baixo astral.

O estado de espírito do seu empregado refletirá no seu dia de trabalho.

10) Não permita concentração de empregados ou clientes na sua porta. Convide-os a uma área de convívio e desobstrua a entrada da sua empresa.

11) Não permita o abandono da recepção. Se o seu empregado tiver de sair para apresentar a academia a um cliente, certifique-se de que alguém fique no seu lugar.

12) Não se deve esquecer de nenhum detalhe no atendimento. Correr atrás do cliente para dizer algo que foi esquecido, não é recomendável.

É importante você saber que o bom atendimento não termina com a matrícula. Ele está apenas começando e todos os detalhes, por mais simples ou insignificantes que possam parecer, farão a diferença na hora da matrícula. Portanto, tenha sempre em mente que o seu cliente estará avaliando cada palavra sua e cada ato do seu recepcionista.

O RECEPCIONISTA

Seu empregado vai receber uma visita.

Se ele cumprir com uma rotina de atendimento, conseguirá realizar a matrícula.

Ele deve ter boa aparência, ser educado, simpático, agradável, paciente etc., para poder receber esta visita de maneira adequada. Você não põe roupas velhas, ou se suja todo, e se põe suado para receber uma visita em sua casa.

Para receber uma visita, você limpa sua casa, alinha os móveis, guarda as coisas que estiverem espalhadas e se veste de acordo. Pois bem, na empresa você deve ter o mesmo procedimento, ou talvez ser um pouco mais cuidadoso; afinal, você depende desta aparência para ter a oportunidade de mostrar a sua qualidade e depende da apresentação do seu empregado para receber um voto de confiança do seu cliente.

Seu recepcionista deve levar o cliente para uma visita às dependências da academia. Enquanto caminham, o recepcionista vai discursando sobre o método de trabalho da empresa e como os instrutores conduzirão as primeiras atividades no objetivo de ambientar o iniciante, auxiliá-lo no combate ao medo e adaptá-lo ao meio líquido.

Deve apresentar cada espaço da academia realçando suas condições mais favoráveis, como higiene, segurança e conforto dos usuários, tais como: piso de vestiário e borda de piscina antiderrapante, estrados plásticos para evitar a água no piso dos vestiários, duchas quentes, aquecimento de ambiente, profundidade de piscina, qualidade da água, formação profissional dos instrutores etc.

O recepcionista não deve ficar falando como um "papagaio", ou recitando frases preestabelecidas. Se a conduta for a de fazer perguntas ao seu cliente, ele lhe dará a indicação do que mais o interessa, facilitando assim a sua argumentação de venda.

Atente para os problemas que podem ocorrer num atendimento:

1) A venda do produto é a sua maior obrigação, mas não exagere.

2) O seu cliente já realizou 50% da compra ao visitar a sua academia. Não force os outros 50%, convença-o de que o produto é bom e útil para ele.

3) Faça com que o cliente lhe dê atenção e permita as suas explicações.

4) Nunca se coloque entre o que você está demonstrando e o seu cliente.

5) Seja gentil e mostre-se satisfeito em recebê-lo para uma visita.

6) Mantenha sempre uma postura elegante. Não atenda sentado ou debruçado na mesa ou no balcão da recepção.

7) Nunca faça duas coisas ao mesmo tempo. O atendimento ao seu cliente terá sempre prioridade.

8) Não espere seu cliente na porta. Muito menos vá ao encontro dele. Espere seu cliente com um amplo sorriso e uma expressão feliz.

9) Evite perder-se em conversas com outros empregados, deixando o seu cliente esperando. Um mínimo de desatenção, e você já pode ter sido deselegante.

10) Não ataque seu cliente. Descubra o seu interesse e conduza a conversa no sentido de esclarecer-lhe as dúvidas.

11) Não hesite. Se você não souber responder a uma questão, peça-lhe licença e tempo para esclarecer. Retorne ao atendimento naturalmente.

12) Não demonstre insegurança. Diga sim, ou não. Se necessitar da ajuda de alguém mais experiente, peça. Se for da parte técnica, chame o coordenador.

13) Não dê as costas ao seu cliente. Nem se chegue a ele pelas costas. Aborde-o de frente e sorrindo.

14) Não evite o seu cliente. Se o seu horário terminou, receba-o e depois saia, ou ainda providencie alguém para substituí-lo.

15) Cuidado com a linguagem: "Pois não, bom-dia!", em vez de "Fala!".

16) "Posso ser-lhe útil?" Esta é uma pergunta que não se deve fazer. O cliente entrou em sua empresa e você está ali para ser útil.

17) Se você está com dificuldade em conduzir a conversa, faça com que o seu cliente fale mais.

Exemplo: Você já sabe nadar? Onde aprendeu? Todos os estilos? Deixou de nadar, por quê? etc.

18) Cuidado com os termos técnicos. Você os ouve constantemente, mas não tem certeza absoluta do que significam. O seu cliente pode "boiar" nesta história toda.

19) Descubra a intenção do seu cliente. Só dê informação para que ele compare com as outras academias que já visitou. Ele quer conhecer melhor o produto. Quer pesquisar preços.

Portanto, dirija a sua conversa a partir da intenção dele.

20) Ao dar informações, utilize-se de panfletos próprios. Na ausência destes, pegue um papel de bom tamanho, limpo e bem cortado. Escreva sempre em letra de forma.

21) Pode ser providencial colocar o cliente em contato com o coordenador ou um instrutor desocupado, mas nunca o abandone. Quando a conversa terminar, você retoma o atendimento.

22) Se você encontrar algum instrutor, médico, coordenador, ou mesmo o proprietário da academia, durante o seu atendimento, apresente-os. Seu cliente sentir-se-á valorizado.

23) Preste atenção ao nome do seu cliente. É extremamente desagradável ficar lhe perguntando o nome outras vezes.

24) Se a pessoa que vai ajudá-lo no atendimento estiver ocupada, entretenha o seu cliente com outro assunto e volte ao atendimento o mais rápido possível.

25) Evite perda de tempo. Seja objetivo nas suas informações.

26) Nunca coma na recepção. Se tomar água, café, suco ou refrigerante, retire rapidamente o copo, xícara ou garrafa do ambiente. Nunca demonstre negligência.

27) Cada minuto de conversação, cada resposta, cada gesto deve ser cercado de amabilidade, nunca esquecendo que você está fazendo uma venda.

Leia sempre com atenção estas instruções e anote as situações diferentes que você encontrar durante os seus atendimentos.

Bom trabalho.

Erros a serem evitados na hora do atendimento

Você será questionado sobre: quando...?, como...?, onde...?, o que...?, quem...?, qual...?, e será um grande erro não saber as respostas. Prepare-se para o atendimento com conhecimento de causa.

Nunca atenda de mau humor. O seu tom de voz refletirá o seu estado de espírito e ninguém gosta de falar com pessoas mal humoradas, irritadas, indispostas ou negativas.

Não se deixe abater ao ouvir um não. Um grande erro que você pode cometer é deixar que um cliente atrapalhe sua venda.

Não trate o seu cliente com intimidade. Lembre-se de que o seu contato é comercial e você não está ali para conquistá-lo.

Nunca aceite um convite de caráter pessoal. Se você foi escolhido pela boa aparência, elegância e simpatia, é porque este é o perfil de um vendedor, e não o alvo de cantadas.

Você não conhece o seu cliente, mas tem de aprender a identificá-lo. Ninguém gosta de ser confundido. O cliente pode sentir-se ofendido.

O atendimento monótono demonstrará desinteresse e desleixo. Não tenha uma rotina ensaiada, pois você parecerá um gravador ambulante.

Nunca transmita seus sentimentos pessoais no atendimento ou quanto ao produto. Seu cliente deve tirar suas próprias conclusões.

Não entre em polêmica com seu cliente. O certo e o errado é da formação de cada um. Não rebata as argumentações do seu cliente. Utilize-se dos argumentos dele para redirecionar a sua proposta de venda.

Não se utilize de expressões como: talvez, gostaria, poderia etc. Use o verbo sempre no presente.

As palavras negativas não devem fazer parte do seu repertório de vendas. Problemas, prejuízos, atrasos, dificuldades, dúvidas, retrocessos etc. são palavras que você pode esquecer.

Não use o "eu". Você e a sua empresa não são os donos da verdade.

Nunca fique procurando impressos. Tenha-os sempre à mão.

Não peça licença para procurar um lápis ou caneta e ao achá-lo não se desculpe por não ter ponta ou tinta.

Ao falar preste atenção para não dizer: "pobrema" ou "poblema". "É craro" também é grave. Mas, andar de "bicicreta" é o que eu acho mais incrível; afinal, tem peça quebrada no seu vocabulário e fatalmente "a gente vai cair".

Nunca atenda dois clientes ao mesmo tempo. Lembre-se de que cada um tem um perfil. Ao atender um cliente, você pode estar perdendo a venda ao outro.

Siga estas instruções e você notará que o seu cliente sairá satisfeito da sua empresa. O bom atendimento faz a diferença na escolha entre esta ou aquela academia. O seu patrão também reconhecerá o bom atendimento e o bom recepcionista de que dispõe.

A importância do telefone

Você nunca deve deixar um cliente para atender ao telefone. Quem está do outro lado da linha deve compreender que você está ocupado e que lhe dará retorno assim que puder. Porém, se você estiver sozinho na recepção, peça licença ao seu cliente, atenda ao telefone, peça desculpas por estar ocupado em um atendimento e peça o número do telefone para retornar a ligação.

O telefone é muito importante no atendimento da empresa, mas o seu cliente está ali, e você tem de estar à disposição dele. As informações corretas, a gentileza e a atenção são fundamentais para a realização da matrícula. Porém, o mais rápido possível, você deve voltar ao telefone para fazer aquele atendimento que foi prometido e deve ser cumprido.

Ao dar informações por telefone, você tem que se esforçar em interessar o seu cliente a fazer-lhe uma visita. Se você for cortês, prestativo, atencioso e educado, seu cliente sentir-se-á inclinado a visitá-lo e você terá oportunidade de concluir a venda.

Não se esqueça do poder de venda por telefone. Faça uma lista dos prováveis clientes da sua região e ao ligar para eles procure saber se você ligou na hora certa e se não está incomodando. Diga-lhe o que é a natação e o benefício físico e mental que ela pode proporcionar. Convide-o a fazer-lhe uma visita e ofereça-lhe uma aula grátis em uma turma de iniciação, mesmo que ele já saiba nadar.

Esta é sempre uma boa estratégia de captação de alunos por telefone. Seja criativo, inteligente e ativo.

A venda por telefone requer ainda certos cuidados:

1) Você não está "face a face" com o seu cliente; portanto, certifique-se da predisposição dele em ouvi-lo.

2) Ao atender o telefone, diga sempre o seu nome, assim o cliente se sentirá mais à vontade e lhe permitirá um trabalho de venda mais fácil.

3) Nunca negue informação por estar fazendo um atendimento ao telefone, mesmo que seja preço.

O cliente que for escolher a academia pelo preço mais barato não o visitará para saber o valor da mensalidade; normalmente, ele deduz que é tão caro que a empresa se utiliza deste recurso para atraí-lo.

4) É comum alguns deslizes no atendimento ao telefone, como estar fazendo outro serviço, ou comendo e bebendo, ou com manias de rabiscar e desenhar, brincadeiras com colegas, ou ainda micagens, entrega de carteirinha a um cliente que sai etc.

SEU CLIENTE

Como já disse, 50% da venda já foi realizada.

Ao decidir visitar a academia, o cliente estará respondendo a uma propaganda que o interessou, ou a uma vontade pessoal, uma pesquisa, ou à recomendação de um amigo. Esta última, em todas as empresas que conheci, com todos os empresários com quem conversei, em todo o país, mostrou ser a mais eficiente e a que proporciona o maior retorno. De custo muito baixo, a propaganda "boca a boca" é eficaz e não pode, em hipótese alguma, ser desconsiderada.

Por ser tão importante é que a sua empresa e seus empregados devem aprender a reconhecer o tipo de cliente que visita a academia, não só para fazer a matrícula, mas para mantê-lo interessado na natação pelo maior tempo possível.

Considerações sobre o seu cliente

Que tipo de cliente você está recebendo? Uma família? Só o pai ou só a mãe? Um adulto ou um adolescente interessado em natação para si próprio? Dificilmente a criança virá sozinha, mas é uma consideração que não pode ser descartada.

Vamos ver alguns tipos de comportamento e fazer algumas considerações. Comecemos pelos de tratamento mais cuidadoso e que vão requerer muito da sua calma, atenção e paciência:

Apático - Desinteressado, murcho, nunca expressa a sua opinião. Está ali, muito provavelmente, porque alguém insistiu ou exigiu esta atitude dele.

Opinião - Dê informações precisas e honestas sobre tudo. Ao apresentar o preço, já inclua toda a despesa que ele terá. Este é o tipo de cliente que não tolera surpresas.

Calado - Introvertido, ele paga para não falar. Normalmente não demonstra o que pensa. Nem por isso o interesse dele é menor.

Opinião - Seja o mais simpático e gentil que puder. Você o conquistará e o fará falar provocando-o com perguntas. Converse sobre as suas preferências e a sua vida.

Desatento - Desvia sempre a sua atenção. Será comum você ser atropelado com outro assunto sem ter a oportunidade de terminar o primeiro.

Opinião - Seja bastante objetivo e procure interessá-lo em falar das suas expectativas e vontades.

Humilde - Geralmente fala baixo. Demonstra conhecer menos do que realmente sabe. Pede licença para tudo, chama-o sempre de Senhor e está sempre se desculpando.

Normalmente é inseguro.

Opinião - Seja muito atento. Ganhe-o com a sua solicitude e compense a sua insegurança. É bom comprador e acreditará no que você disser, após adquirir confiança. Não o traia nunca.

Tímido - Extremamente inibido e reservado. É inseguro para tomar decisões e chega a ter medo de resolver errado. É indeciso e, se não comprar na hora, com certeza, irá questionar-se mais tarde, desconfiando das suas próprias razões de compra.

Opinião - Seja calmo e procure transmitir-lhe confiança. Mais do que nunca, neste caso, você terá de ser seguro e incisivo. Dar exemplos de pessoas satisfeitas e felizes com a natação é uma boa tática. Fale baixo e olhe-o sempre de frente.

Desconfiado - Alguns chegam a ser antipáticos, mas não têm o objetivo de serem grosseiros. Este fala pouco e é objetivo.

Opinião - Neste caso, a melhor arma é a paciência. Não se combate fogo com fogo. A recomendação aqui é ser mais objetivo. Seja claro e não invente fórmulas mágicas de se chegar ao sucesso, para não cair em contradição e pôr tudo a perder. Ele é o próprio "São Tomé".

Inseguro - Não gosta de decidir na hora. Leva para casa para avaliar, conversar com a esposa, enfim, transfere a compra.

Opinião - Você pode tentar encorajá-lo a comprar na hora, oferecendo-lhe vantagens. Porém, o mais seguro é mostrar-lhe as qualidades do produto e oferecer-lhe vantagens para voltar no dia seguinte.

Despreocupado - É desligado e não dá muita importância aos seus argumentos de venda. Parece que veio, mas não chegou. Está sempre no "mundo da lua".

Opinião - Tente interessá-lo em um assunto de cada vez. Provoque-o a conversar com você e procure prender a sua atenção, nem que seja no físico da instrutora.

Vamos ver agora aqueles clientes que são mais difíceis, grosseiros e arrogantes. Com esse tipo de cliente, a sua paciência tem que redobrar. Você terá que levar as coisas "na esportiva" e não se deixar melindrar com certas situações. O recepcionista tem que se conscientizar da sua superioridade com relação a estas pessoas e fazer bem o seu trabalho. Certos clientes se esquecem de que quem o recebe é um seu igual, e não deve ser diminuído ou desconsiderado por estar prestando um serviço:

Pão-duro - Fácil reconhecer um pão-duro. Pergunta sempre pelo preço e sugere que você é um ladrão. Cria objeções antes mesmo da sua argumentação. Usa de qualquer recurso para obter vantagens financeiras.

Opinião - Apresente o produto enfatizando o benefício da natação. Evidencie a qualidade dos profissionais que ali trabalham e o empenho em se manterem atualizados. Mostre a seriedade da empresa e, ao apresentar o preço, seja firme e faça-o ver que está de acordo com o produto oferecido. Valorize cada centavo dele.

Vaidoso - Quem compra o faz por vaidade. Quem busca exercício físico busca também um belo corpo. É exibicionista, gosta de impressionar e conquistar. É egocêntrico e pode questionar se a empresa está a sua altura.

Opinião - Nunca lhe ofereça promoção. Valorize o produto para estar compatível com a sua importância. Este cliente comprará o benefício que a natação trará ao seu engrandecimento.

Superior - Considera-se o melhor de todos. Nunca admite o erro. Tem sempre argumentos, às vezes infundados e até incorretos, só para demonstrar conhecimento de causa. Gosta de platéia e veio para ensinar até o instrutor.

Opinião - Elogie-o. Use-o como testemunha do que você está falando. Mostre-lhe o caminho e deixe que ele chegue à solução; depois, aplauda.

Exagerado - Aumenta tudo o que diz. É o próprio pescador. Quando se põe a falar de dinheiro ou mulheres, ele é o máximo. Já na hora de pagar...

Opinião - Talvez tenha um forte complexo de inferioridade que ele tenta compensar com as lorotas e vantagens. Alimente seu ego e elogie suas façanhas. Cuidado para não exagerar e despertar a sua desconfiança. Faça-o seu amigo.

Exigente - É um cliente de difícil trato e convivência. É também muito rigoroso com a qualidade do produto e o seu preço. Há quem diga que esta exigência é uma artimanha para esconder um sovina.

Opinião - Atenda-o nos mínimos detalhes. Seja gentil e prestativo. Seja exageradamente educado e, principalmente, enalteça as vantagens e qualidades do seu produto.

Abaixo relaciono aqueles que me dão prazer em atender. São pessoas simples, objetivas e conscientes do que querem. São pessoas simpáticas e que respeitam o seu trabalho. Vamos aos educados:

Moderninho - É um cliente alegre, descontraído, interessado e não faz questão de cerimônias. É direto e chega a ajudá-lo em seu trabalho.

Opinião - Atenda-o da mesma maneira, com alegria e descontração. Procure estar à vontade e deixá-lo à vontade. Use a linguagem dele.

Falante - Este nasceu para conversar. Tem assunto para todas as ocasiões. Abre-se sobre tudo, com todos. Está sempre de bem com a vida. É simpático, mas fala até pelos cotovelos.

Opinião - Entre na dele. Deixe-o falar e procure direcionar a conversa para a natação. Ouça suas histórias e descubra as suas necessidades. No final, ele o convencerá a matriculá-lo.

Curioso - De tudo ele quer saber. Faz todas as perguntas possíveis e imagináveis. Chega às vezes a ser chato, mas é um seu aliado na venda.

Opinião - Responda-lhe a todas as perguntas, e mais. Suas explicações detalhadas anteciparão as perguntas do seu cliente. Seguramente, vai conquistar a sua confiança. Tenha sempre um forte argumento para o final da conversa.

Executivo- É ponderado, concentrado na sua apresentação e calmo. Sabe o que veio buscar, é objetivo e dificilmente influenciável.

Opinião - Seja claro e objetivo. Seja prático, direto e não desperdice o tempo dele. Apresente fatos e não conjecturas. Ele fará a matrícula se você argumentar com segurança e propriedade.

Idoso - Quem se considera idosa é a pessoa. Os nadadores de idade avançada são fiéis aos seus propósitos, assíduos e esforçados. Têm muito senso de humor.

Opinião - Trate-o de igual para igual, mas com respeito. Tenha cuidado para não exagerar no tratamento. Fale devagar e alto, mas sem gritar. Seja atencioso; afinal, ele tem bastante tempo e gosta de ser notado.

A recepção continua na piscina

Seu cliente fez a matrícula e é um dos futuros nadadores da sua academia.

Ele chega na piscina inseguro, desambientado, envergonhado e carente de uma atenção especial. Ele veio por um interesse qualquer, mas anseia pelo amparo do instrutor.

Ao adentrar no recinto da piscina, o instrutor deve estar atento para não permitir que este novo freqüentador se sinta marginalizado ou esquecido. Ele deve ser recebido, apresentado ao grupo e colocado junto com os iniciantes da turma.

O recém-admitido deve ser orientado quanto ao procedimento correto para entrar na piscina e o que fazer quando estiver dentro dela. Independentemente de já saber nadar, ou não, ele buscou a academia para aprimorar o seu estilo; portanto, recomendo que se dê atenção às formas elementares de comportamento, tais como: tirar os pés do chão, fazer exercícios de respiração, flutuar, entrar e sair da piscina, mergulhar, fazer nado submerso etc.

Recomendo ainda que, ao fazer o trabalho de base com o seu novo cliente, se dê uma atenção especial aos deslizes como impulso na borda da piscina. Faça com que o iniciante se aperceba dos movimentos do seu corpo em estado de flutuação. Aprenda a relaxar e tirar proveito deste relaxamento. Oriente-o ao deslize equilibrado de frente e de costas, sem a perda de direção e equilíbrio. Por fim, simule o movimento de pernas de crawl e de costas, com o rosto ainda dentro d'água e os braços à frente, como prolongamento do seu corpo.

Na fita "Qualidade de Atendimento", esta seqüência está toda detalhada e é um excelente orientador de trabalho de base.

Você terá estes exercícios incorporados à rotina do iniciante por volta do 5º dia de freqüência. Alguns iniciantes, com maior dificuldade, conseguem um resultado satisfatório por volta do 9º dia de freqüência. Existem casos que necessitam de um atendimento individualizado; porém, não há casos perdidos.

O atendimento ao novo cliente termina quando ele estiver integrado ao grupo, consciente das suas atitudes e ambientado ao meio líquido.

PARTE III
A ESCOLHA DO SEU PESSOAL

FICHA DE CADASTRO

Faça uma ficha contendo nome, endereço, idade, sexo, nacionalidade, referências (família, amigos, lojas, banco etc.), empregos anteriores, protestos em cartório e antecedentes criminais.

Tenha espaço nesta ficha para o relato da sua escolaridade, formação e atualização profissional. Considere apenas as informações que puderem ser comprovadas por atestados, certificados e diplomas.

O estado de saúde do candidato terá relevância dependendo do trabalho que ele terá de fazer.

É importante que o candidato ao emprego passe pelo médico da academia e faça um teste prático com o coordenador, se for o caso.

Na ficha de cadastro, tenha um espaço previsto para o relato de outras atividades profissionais, de lazer e de caráter social.

Esta ficha lhe dará argumento suficiente para um perfil do candidato e motivo para muita conversa.

O candidato deve falar sobre si mesmo

Ao iniciar a entrevista e para "quebrar o gelo", faça perguntas ao candidato, fazendo com que ele fale sobre si próprio, expondo assim um pouco da sua forma de ser e agir.

Faça-o falar sobre o tipo de trabalho em academias, ou em clubes ou em centros esportivos, mantidos pelo município ou estado, compare com ele os trabalhos. Pergunte-lhe sobre a sua meta de vida, objetivos profissionais, anseios etc.

Não se esqueça que, ao vir trabalhar na sua academia, o candidato estará iniciando uma convivência diária consigo e os outros empregados; portanto, faça-o falar sobre seu comportamento em público, o seu temperamento, valores morais etc. Questione-o sobre suas principais habilidades físicas e mentais. Lembro que todos gostam de ser elogiados e acabam falando de si mesmos. Se o candidato for tímido demais, como poderá trabalhar em atendimento ao público?

Investigue sobre a sua preferência de trabalho e preferência de clientela. Saiba como ele é em trabalho individual, em equipe, sob tensão, enfim, sobre todas as condições corriqueiras de trabalho.

Recomendações sobre a realização da entrevista

Entreviste o candidato em local adequado e tenha em mãos as informações da ficha cadastral. É importante conhecer o candidato antes de iniciar a entrevista. Chame-o sempre pelo nome e apresente-se antes de começar.

Elabore um plano de investigação e tome sempre a iniciativa da entrevista. Mantenha um clima agradável com o candidato, mas evite que a entrevista se transforme num "bate papo" informal.

Considere sempre a identidade do candidato e adapte-se a sua linguagem. Evite demonstrar desinteresse pelas histórias ou coisas do candidato; porém, não permita que o tempo seja gasto à-toa. Não apresente opiniões rígidas sobre qualquer assunto. Lembre-se de que você está ali para conhecê-lo e a opinião dele é fundamental para sua decisão. Aprenda, sim, a checar as informações recebidas.

Recomendações ao entrevistador

Faça uma entrevista motivada. Considere que nem todo mundo é igual e molde-se ao seu candidato. Seja sereno, calmo, objetivo e humilde. Nunca demonstre superioridade, mesmo que você tenha motivos para isso. Cuidado também para não demonstrar suas fraquezas.

Evite discutir com o candidato; você não está ali para firmar a sua posição, e sim, para conhecer a dele. Verifique seus próprios critérios de julgamento. Controle suas ansiedades e não crie ansiedade para o candidato. Nunca perca o controle.

Elabore sempre questões claras. Não demonstre cansaço ou tédio, e atente para que a entrevista não seja cansativa.

Nunca invada a privacidade do candidato. Você é um observador. Por outro lado, não se exponha, nem lhe confie coisas da empresa ou de ex-empregados.

Ajude o candidato a responder a algumas questões em que ele apresentar dificuldades, mas, fundamentalmente, saiba ouvir. Nunca interrompa uma entrevista para atender a outra pessoa ou ao telefone.

Acostume-se a levantar hipóteses, verifique os pontos evidentes da entrevista, compare as respostas, para saber se a decisão tomada foi baseada em pontos relevantes. Evite decisões prematuras, verifique se você cometeu algum erro que possa ter gerado prejuízo ao entrevistado, analise e avalie a entrevista somente no final. Não deixe nada para depois.

Encerre a entrevista sem motivar ansiedade ou expectativa no candidato.

A seleção

A escolha do seu pessoal deve ser cuidadosa e demorada. Não tenha pressa em escolher o empregado e, se ele não tiver paciência para a entrevista, que paciência terá para lidar com a sua clientela?

Lembre-se de que o ideal é manter um empregado por longo tempo e que ele tenha oportunidade de crescer junto com a empresa.

Lembre-se ainda de que o custo de um registro de empregado é alto e você tem todo o tempo do mundo para fazer uma pesquisa detalhada e uma escolha segura.

Evite contratar um empregado e descobrir que ele não é o que você imaginava. Descubra-o antes. Para tanto, tenha a certeza de que, ao perguntar-lhe se ele gostaria de trabalhar na empresa, teria alguma coisa a acrescentar ou comentar.

Você já investigou tudo o que pretendia e o candidato deve ter dito tudo o que pensava.

O exame médico como forma de atendimento

Uma das possibilidades de mostrar ao seu cliente a seriedade da sua empresa é a partir do exame médico. Pode parecer estranho estar abordando este assunto no capítulo de seleção de pessoal, mas a fundamentação é que, normalmente, o médico é quem determina a rotina e o tipo de exame que será realizado.

Selecionar um médico que esteja disposto a atender o cliente da forma que a academia determina é tão difícil quanto fazê-lo compreender que esta é uma empresa com fins lucrativos e que depende deste bom atendimento. Normalmente, as academias são tratadas por "Escolinha de Natação", e a importância dada a elas é tão pequena quanto é pejorativo o título.

Nosso cliente vem em busca de orientação para a prática de um esporte tido como o mais completo que existe. Ele sabe o que quer, mas não conhece o produto e precisa ser esclarecido. Se nos dispusermos a tirar algumas medidas para acompanhar o crescimento de uma criança, ou a sua evolução muscular, ou ainda seu aumento de capacidade pulmonar, estaremos mostrando o progresso físico que a criança obteve entre um exame e outro. No caso dos adultos que buscam uma modelagem física, ou uma maior resistência aeróbica, também poderão ser detectados os benefícios obtidos a partir de simples medições e pequenos testes realizados pelo coordenador ou pelo profissional responsável.

O tempo que o médico gasta com cada cliente também é muito importante. Não é como um exame de piscina de clube, no qual o médico assina como responsável e corre um sério risco profissional; afinal, se houver algum acidente, quem estará respondendo por isso será ele. Porém, no caso das academias, vê-se envolvido também um sério problema de imagem que pode ser determinante para o futuro da empresa.

A pesquisa sobre doenças, acidentes ou operações passadas é muito importante. Nossos profissionais estarão na dependência dessas informações para organizar a rotina de trabalho dos seus nadadores.

Enfim, o exame médico é uma das formas de atendimento ao cliente mais importantes que temos na academia, e fundamental como argumento de venda.

ENCERRAMENTO

Sua empresa é uma das razões dos seus objetivos de vida. Seja você o patrão ou o empregado, dedique-se ao melhor atendimento; afinal, você vive do bem servir. Sua clientela vem em busca de conforto, condicionamento físico, entretenimento e a iniciação na natação. Não me lembro de um cliente sequer que tivesse vindo em busca de desatenção, maus-tratos ou ineficiência.

Sua academia foi definida por você ou a partir do que você detectou com a sua pesquisa de opiniões? Nunca se esqueça de reavaliar a intenção da sua clientela. Não se permita cair em "lugar comum", ou ser surpreendido por uma situação de atendimento errado. Esta situação pode ser fatal e o seu ideal de empresário estará comprometido. Cuide sempre do que é seu.

Seus empregados não estão a seu serviço por mero prazer. Porém, se você não vir o seu empregado atendendo a um cliente com prazer, chame-o para uma conversa franca e faça-o entender que trabalhar em algo que não lhe dá satisfação é o mesmo que ir tomando veneno em doses homeopáticas. Vai-se morrendo aos poucos quando se trabalha insatisfeito. Em uma de minhas matérias para a revista *Nadar*, eu disse que "quero ser pago pelo meu bom trabalho, e não estabelecer o meu trabalho a partir de um bom salário". Reafirmo a minha declaração, mas deixo aqui registrado que o empresário que cresce a partir da folha de pagamentos da sua empresa não pode ser respeitado.

Seus clientes são a razão da existência da sua empresa. Atenda-o como você gostaria de ser atendido. Recicle seus ideais, seus objetivos, a razão de ser da sua empresa, constantemente. Mantenha o seu programa de trabalho atualizado e proporcione ao seu pessoal um treina-mento adequado e periódico. Nunca abandone a qualidade da sua empresa e mantenha o seu cliente consciente desta qualidade.

Bom trabalho! Afinal, seu cliente o espera.

Impressão e Acabamento

Bartira

G r á f i c a

(011) 458-0255